Los árboles

por Maryellen Gregoire

Consultora:
Adria F. Klein, Ph.D.
California State University, San Bernardino

capstone
classroom
Heinemann Raintree • Red Brick Learning
division of Capstone

Los árboles son las plantas más altas del mundo.

Los árboles son altos.

Los árboles tienen raíces para beber agua.

Los árboles tienen troncos. El tronco es el tallo del árbol.

Los árboles tienen ramas con hojas.

Algunas hojas son planas.

Las hojas cambian de color en el otoño.

Las hojas caen al suelo.

La mayoría de los árboles no tienen hojas en el invierno.

En primavera crecen hojas nuevas.

Estos árboles tienen las hojas verdes todo el año.

Son árboles de hojas perennes.

Los árboles de hoja perenne tienen hojas que parecen agujas.

Los árboles de hoja perenne tienen piñas que contienen semillas.

¿Qué clase de árbol te gusta?

Loose clothes help people stay cool.

It is very cold in some places.

Clothes can protect people from the cold.

Heavy clothes help people stay warm.

Layers of clothes help people stay warm.

People choose clothes for hot weather.

People choose clothes for cold weather.

What kinds of clothes did you wear today?